AF497310

RÉPERTOIRE

Parisien,

RECUEIL DE PIÈCES NOUVELLES

Jouées sur tous les Théâtres de la Capitale.

Théâtre

Part à deux,

Vaudeville en un acte.

PRIX : 30 CENTIMES.

Paris,

GALLET, ÉDITEUR,

86, BOULEVART DU TEMPLE,

12, RUE D'ANGOULÊME, 12.

—

1844.

PART A DEUX,

COMÉDIE EN UN ACTE,

MÊLÉE DE CHANTS,

Par M. Jules de Prémaray,

Représentée à Paris le 15 Mai 1814.

PERSONNAGES.	ACTEURS.	(L'action se passe à Paris.)
DESROSOIR, homme de lettres.	MM. Clément.	(Un petit salon, porte au fond, portes latérales; à gauche la
ARMAND ROBERVILLE, son collaborateur.	Armand.	chambre à coucher de Desrosoir, à droite son cabinet de
BENOIT, domestique de Desrosoir.	Georges.	travail; sur le devant à gauche, une table recouverte d'un
HORTENSE DE BONVAL, jeune veuve.	Mmes. Minié.	tapis avec ce qu'il faut pour écrire, et chargée de journaux, papiers, etc.; à droite, un guéridon, chaises, fauteuils. Dans
CLOTILDE, femme de Desrosoir.	San.	l'angle du fond à droite, un paravent.)

SCÈNE PREMIÈRE.

CLOTILDE,

Sortant du fond à gauche; elle est en robe de chambre très élégante, puis Hortense arrivant du fond au milieu, toilette de ville du matin.

CLOTILDE. Il dort encore... pauvre Eugène! il doit être vraiment rendu... (apercevant Hortense qui entre.) Hortense!.. ah! que c'est bien à toi de venir ainsi me voir...

HORTENSE. Bonne Clotilde! (se débarrassant de son chapeau.) N'est-ce pas tout naturel? je me suis dit, son mari a passé la nuit au corps de garde, en bon citoyen... et d'ordinaire les matins de ces nuits-là sont terribles pour les ménages; Clotilde s'ennuiera seule, nous avons beaucoup de choses à nous dire... allons, un peu de courage, et me voilà. .

CLOTILDE. Un peu de courage... mais c'est qu'il en faut beaucoup... car si je ne me trompe tu as eu un bal, et toi qui ne manques pas une contredanse.

HORTENSE. Danser, est-ce que cela fatigue?.

AIR : Partie et revanche.

Ah! c'est vraiment une plaisanterie,
Le bal pour moi n'a-t-il pas trop d'attraits?
Si je faisais souvent tapisserie,
Je ne dis pas... mais en dansant, jamais!
Non le plaisir ne fatigue jamais;
Ce plaisir là fut toujours ma folie,
Et crois-le bien, le seul bal dans ce cas,
Qui nous fatigue, nous ennuie
C'est le bal où nous ne dansons pas.

CLOTILDE. Toujours d'une gaîté!

HORTENSE. Quand on est veuve... mais, tiens, je suis désolée de ne point t'avoir vue à la fête de la baronne... le premier bal masqué de la saison, un coup d'œil magique.. l'intrigue la plus animée... et à propos d'intrigue, je suis à la recherche, dans mon imagination bien entendu, d'un certain domino orange qui m'a fait une déclaration... oh! mais là, une de ces déclarations devant lesquelles il est imposs de ce résister...

CLOTILDE. Comment?

HORTENSE. A l'envie de rire qui s'empare de nous; figure-toi, une déclaration passionnée... comme elles le sont toujours... et burlesque, comme elles le sont si souvent... on eût dit un amoureux qui n'en a pas l'habitude... ou qui l'a perdue...ah! tiens. . monsieur Roberville peut-être? il est vrai que si cela était, il déguisait sa voix à merveille... cependant j'ai cru reconnaître aux niaiseries que le domino me débitait...

CLOTILDE. Tu lui en veux donc toujours?.

HORTENSE. Au contraire... c'est lui qui me garde rancune, mais plus j'y pense...

CLOTILDE. Oh! cela m'étonnerait beaucoup... monsieur Roberville était bien décidé hier à ne pas aller au bal.

HORTENSE. Ah! si pourtant, tu l'avais prié de t'y conduire?.

CLOTILDE. Y penses-tu?.

HORTENSE, gravité comique. C'est juste... une femme ne peut pas danser pendant que son mari est en faction... la morale... et cependant, tiens, elle y aurait trouvé son compte... oui... car on a beaucoup parlé de monsieur Desrosoir... de ton mari... son éloge était dans toutes les bouches.

CLOTILDE, franchement. Ah! que tu me fais plaisir!

HORTENSE. C'était à qui vanterait son talent, son

esprit, au sujet de ce nouveau succès d'hier.

CLOTILDE. Sa première représentation de la *Réputation d'une femme*, juste avec monsieur Roberville, son collaborateur.

HORTENSE, *riant*. Mon ennemi... comme tu dis.

CLOTILDE. Aussi, pourquoi l'as-tu désespéré par tes refus?

HORTENSE. Écoute-donc... ces messieurs ne nous donnent pas le tems de respirer... à peine sommes-nous libres, que déjà il faudrait le mariage; on peut bien y être fait une fois, parce qu'on ne sait pas ce que c'est, qu'on veut un essayer... mais deux!, ce serait du fanatisme... ce qui n'empêche pas la main d'une jeune veuve d'être presque aussi courue qu'un fauteuil vide à l'Académie... avec une différence cependant...

AIR : *Il nous faudra quitter l'Empire*. (1)

> Car tu sais qu'à l'Académie,
> L'usage veut que l'humble successeur,
> Devant la foule recueillie,
> Prononce enfin sur son prédécesseur
> Un discours pompeux et flatteur.
> Mais d'un mari, celui qui prend la place,
> Ayant déjà de son vivant,
> Occupé le fauteuil souvent,
> Ferait je crois de fort mauvaise grâce,
> L'éloge d'un tel précédent.

CLOTILDE. Méchante!

HORTENSE. Mon Dieu non... je fais mon métier de veuve... je ris... voilà tout... mais sais-tu que cela a fait sensation, la première fois qu'on a vu monsieur Desrosoir, qui, jusque là, avait travaillé seul au théâtre, s'adjoindre monsieur Roberville à titre de collaborateur?

CLOTILDE. C'est cependant bien simple... Eugène lui accorde son appui par bonté... parce qu'au fond il est rempli de bonté, mon mari, quoique fantasque... distrait... mais un homme de génie!.

HORTENSE. C'est convenu... ils sont tous plus ou moins ennuyeux.

CLOTILDE, *indifférence affectée*. Nous rencontrons à une de tes fêtes monsieur Roberville, qui, comme tant d'avocats sans cause....

HORTENSE. Voulait chercher au théâtre ce qui lui manquait au Palais... je sais tout cela, puisque c'est moi-même qui vous le recommandai, et maintenant ce sont les deux inséparables... monsieur Roberville et venu se loger dans votre maison... il est de toutes les pièces de monsieur Desrosoir... hier, encore, il le remplaçait près de toi dans ta loge...

CLOTILDE. Pendant que ce pauvre Eugène...

HORTENSE. Montait la garde...

CLOTILDE. A qui la faute, ma bonne amie?.. autrefois monsieur Roberville ne quittait presque pas tes salons.

HORTENSE. Il espérait même ne les quitter jamais, m'épouser enfin... mais je l'ai dit, l'indépendance avant tout...

CLOTILDE. Et c'est nous qui en portons la peine.

HORTENSE, *l'observant*. La peine!.. oh! comme tu me dis cela... un charmant cavalier... parce que tu comprends, on tient à sa liberté, mais ça n'empêche pas d'avoir des yeux... un véritable sigisbée, qui t'accompagne partout... au bois, à l'Opéra, au bal quelquefois, enfin, c'est au point que je me demande souvent, à quels momens il peut travailler avec ton mari?.

(1) Ce couplet ayant été supprimé par la censure, se passe à la représentation.

CLOTILDE. Que faire aussi?.. Eugène, tout entier à son existence d'homme de lettres... toujours en train de composer... le jour... la nuit...

HORTENSE. Ah!... il compose... même la nuit?... voici un grief sérieux.

CLOTILDE. Et si monsieur Roberville pousse un peu loin la galanterie... les attentions... ce n'est pas ma faute...

HORTENSE. Non certainement, (*à part.*) ce n'est jamais notre faute. (*haut.*) Cependant, Clotilde, je t'avouerai que je ne partage pas la sécurité... et pour te parler franchement, c'est en partie cette idée dont je suis tourmentée depuis plusieurs jours qui m'a décidée à venir si matin, espérant te rencontrer seule, (*appuyant.*) chose rare, maintenant... oui, mon amie, j'ai tremblé pour toi, il faut bien me le pardonner... je me suis dit : une jeune femme coquette... tu l'es un peu... spirituelle, tu l'es beaucoup ... mariée à un homme de lettres, c'est dangereux... et un moment je me suis presque repentie d'avoir causé à monsieur Roberville un désespoir qui pourrait te devenir funeste... tu ne sais pas encore toi ce que c'est qu'un homme désespéré... et je regrette aujourd'hui...

CLOTILDE, *vivement*. De lui avoir refusé ta main?..

HORTENSE. Songe donc! s'il devait en résulter... eh! mais... on dirait que cette supposition seule...

CLOTILDE, *se remettant*. Tu veux rire... je dis seulement que pour toi-même, tu as bien fait... le caractère de monsieur Roberville ne pourrait nullement te convenir, un fat, rempli de prétentions... ne doutant de rien.

HORTENSE. Comme tu l'as étudié! (*à part.*) Elle en dit trop de mal... ça n'est pas naturel, (*haut.*) mais rassure-toi sur mon compte... il n'est pas question.... cependant je te dirai que dernièrement encore, il m'a écrit pour me demander de nouveau ma main... je n'ai rien répondu, mais si cela devenait nécessaire à ton repos...

CLOTILDE. Hortense!.. d'ailleurs, monsieur Roberville n'est point à craindre pour moi... et je lui montre toujours l'indifférence la plus complète.

HORTENSE, *à part*. Quelle maladresse?. on ne montre rien, c'est le plus sûr.

CLOTILDE. Mon mari, seul, à toute mes pensées, toute ma sympathie...

HORTENSE, *à part*. Voilà une sympathie qui ne me rassure pas du tout.

CLOTILDE. Et ce ne sont pas quelques fades complimens... quelques vers...

HORTENSE. Ah! on t'adresse des....(*à part.*) il paraît qu'il a toujours la même manie. (*haut.*) Tu dois bien rire en les lisant?.

CLOTILDE, *vivement*. Mais je ne les lis jamais... je lui renvoie sa poésie sans même ouvrir le papier.

HORTENSE. Voilà le mal... à quoi bon en agir ainsi avec les personnes qui nous sont indifférentes? il n'y a que le danger qu'on éloigne, et une femme n'est jamais si mal défendue que quand elle songe sans cesse à se défendre.

CLOTILDE. Encore!.

HORTENSE. Allons, ne te fâche pas... je me tais.... aussi bien, ma visite est terminée... (*remettant son chapeau.*) J'ai pour midi un rendez-vous.

CLOTILDE. Un rendez-vous?

HORTENSE. Avec la baronne...... chez Delille... des étoffes nouvelles........ et puis à nous deux nous trouverons peut-être quel est ce fameux domino, et tu conçois... Au revoir, ma bonne Clotilde... il se pourrait que je vinse te demander à dîner... mais n'y compte pas... je ne sais jamais d'avance.

CLOTILDE. Quand tu voudras, tu es toujours sûre de me faire plaisir...

HORTENSE, *à part.* Me voilà satisfaite de mon ambassade... pauvre amie! le danger existe, et sans moi j'ai bien peur... ah! monsieur Roberville, prenez garde, j'aurai les yeux sur vous... et s'il le faut.... (*haut.*) Adieu, adieu, je me sauve bien vite...

AIR : *Valse de Mikaeli.* (Venez donc, femme à la mode, vaudeville.)

Adieu donc, et surtout n'en veux pas à mon cœur
S'il s'alarme en ce jour, car c'est pour ton bonheur,
    Il est bon, tout d'abord,
    Quand il est loin encor,
      De songer
    A vaincre le danger.
    Dans mon veuvage,
    Au mariage,
    J'ai, c'est très sage,
    Fait mes adieux.
(à part.) A moins, j'y pense,
    Qu'un cas d'urgence,
(appuyant.) De conscience,
    Brise mes vœux.

ENSEMBLE.

Adieu donc, etc.

CLOTILDE.

Adieu donc, et très loin d'en vouloir à ton cœur,
Le mien le remercie en ce jour de sa peur,
    Il est bon tout d'abord,
    Quand il est loin encor,
      De songer
    A vaincre le danger.

SCENE II.

CLOTILDE *seule, puis* BENOIT.

CLOTILDE. Après tout, Hortense pourrait bien avoir raison... oui, oui, c'est décidé, je veux être aimable avec M. Roberville... lire ses vers... les relire s'il le faut... recevoir ses bouquets... enfin supporter ses assiduités, les encourager même au besoin, pour lui montrer que je ne les redoute pas... qu'elles sont tout à fait sans conséquence...

BENOIT (*annonçant*). M. Roberville.

CLOTILDE. Déjà! (*se regardant dans la glace*)... Et ce négligé... mon dieu, mon dieu, c'est terrible d'être surprise ainsi... (*souriant*). Ah! j'oubliais... une visite... sans conséquence... Oui, mais ce n'est pas une raison de paraître laide; il est assez fat pour croire que je le fais exprès... que j'ai peur d'être jolie... Par exemple!... (*à Benoît*). Faites entrer et attendre dans ce salon... (*à part en sortant*). Vite à ma toilette... je veux le désespérer...

(*Elle sort.*)

SCENE III.

BENOIT introduisant ROBERVILLE.

ROBERVILLE. (*Mise élégante du matin ; il tient un bouquet de violette*). Merci... j'attendrai... (*il pose son bouquet et son chapeau*). Ce cher Desrosoir!... Tu dis donc qu'il n'est pas encore levé ?

BENOIT. Non Monsieur...

ROBERVILLE. Dormir après un succès pareil !

BENOIT. Monsieur veut dire après une garde...

ROBERVILLE. C'est juste... pauvre ami! en faction à l'État-Major au moment où on représentait... C'est vraiment être joué deux fois pour une...

BENOIT. C'est drôle... oh ! monsieur ne vous fâchez pas... mais j'entends dire comme ça partout que vous êtes le colla...

ROBERVILLE. Hein?

BENOIT. Non... c'est pas ça... c'est que c'est difficile à prononcer le colla... collaborateur... de Monsieur... j'y suis... Eh bien, qu'est-ce que ça veut donc dire?

ROBERVILLE. Collaborateur?... collaboro !

BENOIT. Je comprends... comme qui dirait des personnes qui laboureraient dans les mêmes terres...

ROBERVILLE. Eh ! pas trop mal défini... enfin, collaborateur, faire des pièces ensemble... contribuer chacun de son côté à un même ouvrage, et toucher sa part de gloire et de bénéfice... bref avoir pour devise: Part à deux ! voilà ce que c'est qu'un collaborateur... ou collaboro... comme tu voudras..

BENOIT. J'entends, Monsieur, c'est que le grec et moi, voyez-vous... ce que j'y vois de plus clair, c'est que vous partagez tout avec monsieur, et alors comment se fait-il que ça ne se trouve jamais être votre tour !...

ROBERVILLE. Mon tour de quoi?

BENOIT. De garde.

ROBERVILLE. Ah ! J'y suis... (*gravement*). Faiblesse de poitrine... les médecins m'ont prédit que ma première faction me serait fatale.

BENOIT. Ah dame ! pour ça il y en a qui ne s'en relèvent pas...

ROBERVILLE. Sans compter ceux qu'on oublie de relever... Que veux-tu ! il faut bien me résigner, et je n'en conserve pas moins ma devise : Part à deux !

AIR : *Baiser au porteur.*

Je partage, c'est ma nature,
Un bon cœur a-t-il rien à lui ?
Oui pour la gloire et la littérature,
Tout est commun entre nous aujourd'hui,
Et de ton maître enfin je suis l'ami.
Je me soumets quant à l'ordre barbare
Qui le conduit seul au poste d'honneur...
(à part). Car ma santé qui nous sépare;
Peut rapprocher l'instant de mon bonheur.

(Montrant les journaux que Benoît tient.)

Mais quels sont ces papiers ?... (*les lui prenant*). Ah ! très bien... Mes journaux.

BENOIT. Permettez... ceux de Monsieur.

ROBERVILLE. Eh bien... Et moi ?... collaboro !

BENOIT. *à part.* Qu'elle drôle d'idée il a de me parler toujours grec... (*Haut*). J'oubliais... voici encore deux bulletins du théâtre.

ROBERVILLE. Je sais, je sais... le raccord de la pièce nouvelle... Puis sans doute la répétition de celle que nous avons à l'étude... mets ça là... ça regarde Desrosoir.

BENOIT, *à part.* Ça doit être une corvée alors... il paraît que c'est comme les tours de garde.

ROBERVILLE. Va maintenant, laisse-moi...

BENOIT. Oui, Monsieur (*à part en sortant et en jetant un coup d'œil sur Roberville*), faiblesse de poitrine... Le fait est qu'il en a l'air... Pauvre jeune homme ! c'est si délicat !

(Il sort.)

SCENE IV.
ROBERVILLE *seul.*

Ma foi, il faut convenir que les passions malheureuses rendent bien maladroit... avant mon échec auprès de Madame de Bonval, une veuve qui ne veux pas qu'on la console, par la raison qu'elle s'est consolée tout de suite, eh bien, je me connais !... il me fallait au plus deux audiences pour gagner ma cause auprès des plus cruelles... Jamais la moindre remise à huitaine... et aujourd'hui que toutes les conclusions sont en ma faveur, je n'avance à rien... cependant la femme d'un collaborateur... surtout quand on a pour devise... l'art à deux ! que diable ! je suis presque dans mes droits... Ah ! si je pouvais enfin dompter cette vertu farouche... (*Il s'assied.*) Dussé-je employer la ruse... il y aurait bien un moyen sûr, infaillible... exciter sa jalousie... Oui, mais comment ? Desrosoir est la fidélité même... Un vaudevilliste... ça ne s'est jamais vu... Où la vertu va-t-elle se.. (*Prenant machinalement une lettre sur la table.*) Hein ! que vois-je ?... (*lisant l'adresse*). « A madame de Bonval. » L'écriture de Desrosoir... c'est singulier, moi qui parlais de jalousie... me voilà tout ému .. Est-ce que par hasard j'aimerais encore... Allons donc ! (*Un peu soulagé.*) Tiens, ce ne sont que des billets de spectacle... Je disais aussi... une lettre qui n'est pas cachetée. Bon ! voilà que je fais tomber des papiers... Ah ! celui-ci appartient à un manuscrit sans doute... Oui, c'est écrit par Desrosoir... une épître amoureuse ! Oh ! quelle idée ! quel trait de lumière ! Voyons... (*lisant*).

« Madame,
» Malgré vos rigueurs, votre dureté à mon égard,
» un mot dit par vous, cette nuit, au bal masqué,
» m'a renvoyé moins malheureux ; et grâce à cette
» bonté d'ange que le ciel vous a donné en partage,
» j'ose espérer le pardon d'un aveu que mon amour
» n'a pu retenir plus longtemps. Vous m'avez quitté
» le sourire sur les lèvres : était-ce de la raillerie ou
» de la pitié ?... J'attends mon arrêt. »

Très joli !... parfait ! comme ça se rapporte... C'est une lettre destinée à la pièce que nous répétons en ce moment... Je me souviens... on nous a prié de changer celle du manuscrit, et Desrosoir s'est empressé... Il n'y a pas à hésiter... dans les cas désespérés, tout est de bonne guerre... (*Il met la lettre qu'il a pliée sous l'enveloppe avec les billets.*) Là... c'est fait... Le moyen maintenant de faire tomber cela entre les mains... Voyons, cherchons bien... quelque chose d'adroit... un hasard de vaudeville... Non... ça n'aurait pas le sens commun... C'est elle ! plus tard...
(*Il cache la lettre et reprend son bouquet de violette.*)

SCÈNE V.
ROBERVILLE, CLOTILDE.

CLOTILDE. Ah ! M. Roberville... déjà !
ROBERVILLE. Est-ce un reproche, madame ?
CLOTILDE *gaiement.* Oh ! pourquoi ?... Je n'y ai même pas songé.
ROBERVILLE. Et moi, madame, j'ai osé penser...
CLOTILDE *prenant le bouquet.* Ce bouquet... comment donc !... Mais il est charmant... des violettes d'une fraîcheur !...
ROBERVILLE. Je sais, madame, que vous avez pour les fleurs une prédilection bien naturelle... n'êtes-vous pas de la famille ?.. Et je vous l'avouerai...

AIR : *Du piège.*

Oui, dans ces fleurs j'ai mis tout mon espoir,
Et près de vous je les nomme d'office
Pour soutenir de leur charmant pouvoir
Les droits d'un avocat novice ;
Ainsi que des sœurs je le vois,
Vous les aimez, et malgré leur silence.
J'ose espérer que pour vous, plus que moi
Ces fleurs auront de l'éloquence.

CLOTILDE *riant.* Prenez garde... un madrigal... Si j'allais prendre cela pour un couplet de vaudeville... refusé ? Mais à propos... que je vous gronde bien fort. Asseyez-vous là... (*A part.*) Un entretien sans conséquence...
ROBERVILLE. Je ne l'ai jamais vue si aimable... est-ce que je serais en disgrâce ? (*Haut.*) Madame, j'attends en tremblant ce gracieux sermon dont je suis menacé.

(*Ils se sont assis.*)

CLOTILDE. Ne riez pas... je veux être très sévère.
ROBERVILLE. Et moi bien humble, bien repentant... car, à ce début, mes torts doivent être d'une gravité...
CLOTILDE. Jugez-en... Mon mari...
ROBERVILLE *à part.* Son mari ?...
CLOTILDE. Vous traite en véritable écolier gâté...
ROBERVILLE. Me permettrez-vous, madame, de préférer votre sévérité à son indulgence ?
CLOTILDE. Je ne vous permets qu'une chose, monsieur, c'est de m'écouter sans m'interrompre. Eh bien, s'il faut vous le dire, je trouve que vous négligez la littérature, surtout depuis quelque temps. Oh ! mais c'est au point qu'Eugène ne peut plus obtenir de vous le moindre tête-à-tête à titre de collaborateur.
ROBERVILLE. Les heures perdues pour la gloire sont quelquefois si bien employées !
CLOTILDE, *gravité comique.* Je croyais vous avoir permis de ne pas m'interrompre ?
ROBERVILLE. Pardon...
CLOTILDE. Vous voulez esquiver mes reproches, je le vois ; mais je vous tiens, je vous gronderai jusqu'au bout... Dans ce moment, par exemple, je sais par mon mari que vous travaillez ensemble à une nouvelle comédie... (*Cherchant le titre.*) Comment donc ?
ROBERVILLE *Le Mari à la mode ?*
CLOTILDE. C'est cela... vous m'en avez lu les premières scènes... C'est parfaitement commencé... mais le dénouement ? Eugène m'assure que vous vous en êtes chargé seul, et franchement nous sommes toujours à l'attendre.
ROBERVILLE. Il est vrai, madame, j'avoue que je n'y suis pas encore à ce dénouement, que je désire plus que vous ne le pensez... auquel je brûle d'arriver...
CLOTILDE. Eh bien mais qui vous empêche de vous hâter ? Est-il donc si difficile de terminer une comédie ? Il me semble qu'avec de l'esprit...
ROBERVILLE. Et quand tout, madame, contribue à nous le faire perdre cet esprit, qu'un auteur doit toujours avoir là, tout prêt ?
CLOTILDE. Je ne vous comprends pas.
(*Se levant et passant.*)
ROBERVILLE *s'animant.* Je veux dire, Madame, qu'une pièce de théâtre est comme un roman, et qu'un roman ressemble souvent à certains rêves de la vie, qu'un mot peut changer en réalité... une intrigue enfin, dont ce même mot amène le dénouement. Mais, avant de l'obtenir, que d'obstacles, de retards impré-

vus! que d'amertumes! et souvent que de larmes dé-
vorées en silence !...

CLOTILDE. Des larmes?

ROBERVILLE. Eh! mon dieu oui, Madame... Nous
autres hommes, nous pleurons aussi... Seulement notre désespoir est honteux... il se cache... et voilà pourquoi il reste si souvent sans pitié!...

CLOTILDE. Serait-il vrai, monsieur? vous qui pas-
sez pour la gaîté même.

ROBERVILLE *à part.* Parbleu ! (*Haut, reprenant
le ton sentimental.*) De la gaîté? vous aussi, madame,
vous l'avez cru?...

CLOTILDE *un peu troublée.* En effet, j'étais loin de
vous supposer malheureux.

ROBERVILLE Oh! pas en ce moment, madame; car
je le vois, vous êtes émue... vous me plaignez...

CLOTILDE. Moi ?...

ROBERVILLE. Vous chercheriez en vain à me le ca-
cher.

AIR : *de Doche.*

De la pitié pourquoi donc vous défendre ?
Ah! laissez-moi, si c'était une erreur,
Y croire encore... un songe peut nous rendre
Pour un instant à l'espoir, au bonheur !
Ne m'ôtez pas un instant de bonheur !
Ici, pour vous, vos yeux l'ont dit, madame,
Ne cachez plus un sentiment pieux ;
Car ici-bas la pitié d'une femme,
N'est-elle pas une vertu des cieux?
Vous le savez, la pitié d'une femme,
Est sur la terre une vertu des cieux !

DESROSOIR *du dehors.* Benoit! Benoit!

CLOTILDE *à part.* Mon mari !

ROBERVILLE *à part.* Il arrive bien !... quand je
disais qu'un dénouement était retardé au moment où
l'on y songe le moins... (*Regardant Clotilde.*) C'est
égal, l'intrigue marche... la jalousie fera le reste.

SCÈNE VI.

LES PRÉCÉDENS, DESROSOIR.

(Il a un foulard sur la tête et est en robe de chambre.)

DESROSOIR. Ben... Ah! pardon... je demandais mes
journaux... Bonjour, ma bonne (*l'embrassant*), bonjour, ma toute bonne !... Tiens, je ne vous voyais
pas, Roberville...

(Il lui serre la main.)

ROBERVILLE *gêné.* J'étais venu...

DESROSOIR. Pour tenir compagnie à ma femme?..
Merci, c'est d'un bon collaborateur... et puis c'est d'un
homme d'esprit... parce que quand les maris dor-
ment... comme je l'ai dit dans un de mes vaudevilles.
une situation comique par parenthèse, ce qui n'a pas
empêché le public de siffler la pièce... qui, à la vérité,
était un peu risquée... J'aime beaucoup les situations
risquées... C'est qu'il sifflait très bien. le public... tu
te souviens, chère amie? Il y eut pourtant quelques
applaudissements d'élite... sous le lustre... une poi-
gnée d'amateurs éclairés... ce fut un palliatif. Après
ça, qu'est-ce qui ne se trompe pas une fois dans sa
vie ?

ROBERVILLE. Rien n'est infaillible.

DESROSOIR. Parbleu!... c'est ce que je voulais dire,
c'est même ce que j'ai déjà dit dans un autre vaudeville... Ah! un ouvrage charmant, celui-là... On a
bien encore un peu chuté, toussé... mais c'était dans
la saison des rhumes de cerveau... saison terrible pour

les premières représentations ! Dieu! une première représentation! Si l'on pouvait seulement se douter de
ce que c'est pour l'auteur!

AIR : *Grâce aux chemins de fer.*

(Paris, Orléans et Rouen.)

La gloire coûte cher !
Les tourments de l'enfer
Ne sont rien, rien vraiment,
Près des nôtres en cet instant.
Dès que l'orchestre a joué l'ouverture,
L'auteur est là tremblant, l'oreille au guet...
Vrai Chevalier de la triste figure,
Flairant, tournant, ainsi qu'un chien d'arrêt ;
Puis des acteurs qu'il flatte, qu'il cajole,
Il encourage, exalte le talent,
Prouve à chacun qu'il a le plus beau rôle,
Que de lui seul le triomphe dépend.
Grands dieux ! quels sons aigus !
Quel murmure confus !
Quoi ! soudain le public
Ne serait-il plus qu'un aspic ?
Ce n'est bientôt qu'un effrayant scandale,
Sifflets qui paient et bravos payés...
L'auteur s'emporte et crie : A la cabale!
Mord son mouchoir, pâlit, frappe des pieds ;
On se croirait au plus fort de la guerre :
La scène semble un bastion assiégé,
Et l'on a vu, ces jours-là, le parterre
Parfois en champ de bataille changé.
Mais voilà, plus d'ennui !
Le calme rétabli,
Et, grâce à d'heureux mots,
On entend quelques vrais bravos.
Hélas! courte espérance !
Au moment de finir
Le concert recommence,
C'est à n'y plus tenir !
Bref, la pièce s'achève,
Et l'on nomme l'auteur,
Ainsi que dans un rêve,
A moitié mort de peur.

REPRISE.

La gloire coûte cher ! etc.

ROBERVILLE. Ecoutez donc !... ce sont les émotions
du métier.

DESROSOIR. Comme vous dites... Eh! mais, ce bouquet de violette... ça sent très bon... Je parie... ça
sent réellement fort bon... Je parie que c'est Roberville qui t'a fait cette galanterie ?

CLOTILDE. Il est vrai, mon ami.

DESROSOIR. J'en étais sûr... ce cher ami ! il pense
à tout... C'est un homme unique. . il a découvert le
moyen d'être aimable avec de l'esprit... Vous me
donnerez votre recette, n'est-ce pas ?

ROBERVILLE *riant.* Mais n'avons-nous pas l'habitude
de partager ?

DESROSOIR. Charmant ! (*à sa femme*) C'est un ca-
lembourg... Ah ! mais dis-moi donc, ma femme, je
voudrais bien déjeûner ; j'éprouve dans l'imagination
un vide qui pourrait se ressentir... (*Il se frappe sur
l'estomac.*) Tu comprends ?

CLOTILDE. Je vais donner des ordres, mon ami.

DESROSOIR. Tu me feras servir ici. (*à Roberville.*)
Je ne vous invite pas... je sais que vous faites comme
chez vous. (*A sa femme.*) Et toi, ma Clotilde ?

CLOTILDE. Merci ! j'ai déjeuné.

DESROSOIR *à part.* Sans m'attendre... quelle atten-
tion !

CLOTILDE *à part, en sortant.* Hortense a beau dire

je me méfierai à l'avenir des entretiens sans conséquence.. ils sont trop dangereux.

(Elle sort.)

SCÈNE VII.

ROBERVILLE. DESROSOIR.

DESROSOIR. Elle est charmante, ma femme... un
caractère facile !... Et puis avec elle je puis dormir
tranquille, ce que je faisais encore tout à l heure. confiant
dans le fameux proverbe.... vous savez ? « Que les
lauriers préservent, etc. » Je crois avoir dit cela dans
une pièce ravissante. Attendez donc... Ah ! j'y suis...
un vaudeville qui finissait admirablement, si le public
l'eût laissé finir... Mais ce soir-là, une véritable cabale,
des gens qui étaient venus au théâtre pour s'amuser...
les égoïstes ! Ah ça, et mes journaux que j'oubliais...
Vous ne les avez pas encore lus au sujet de la pièce
d'hier ?

ROBERVILLE. A quoi bon ?

DESROSOIR. Parbleu ! à savoir leur opinion sur la
pièce. Leurs colonnes ne sont-elles pas les monuments
élevés à notre gloire ?

ROBERVILLE. Ou à notre défaite... colonnes sur
lesquelles on écrit souvent chute pour succès, succès
pour chute...

DESROSOIR. Oh! vous leur en voulez... et cependant,
tenez... cet article (*il lit*). « *La Réputation d'une
femme* a été représentée hier avec un succès écla-
tant et mérité... » (*S'interrompant.*) Hein ? mérité ..
(*Continuant.*) « L intrigue est originale... » *S'interrompant.* Oh ! je savais bien lorsque j'ai trouvé cette
idée... car c'est moi, vous savez, qui ai trouvé...

ROBERVILLE. Je croyais au contraire vous avoir apporté le sujet ?

DESROSOIR. Non pas... vous faites erreur...

ROBERVILLE. Cependant...

DESROSOIR. Cherchez bien..... (*Continuant.*) « Le
dialogue pétille d'esprit. »

ROBERVILLE. En ce cas, voici ma part.

DESROSOIR. Vous êtes trop juste pour le penser.

ROBERVILLE. Ah ça, mais qu'ai-je donc fait à la
pièce ?

DESROSOIR. Vous avez trouvé le titre et mis votre
nom. Nous avons beaucoup d'hommes d'esprit qui n'en
font pas tant et qui prétendent à l'Académie... Cherchez bien... (*lisant*) « Le dialogue pétille d'esprit...
» Si les auteurs n'étaient pas si riches, on les croi-
» rait ruinés, à voir la dépense qu'ils en ont faite. »
Hein! quel joli tour de phrase !..

(Il prend une note.)

ROBERVILLE. Que faites-vous donc ?

DESROSOIR. Je prends le nom d'un juge aussi inté-
gre... nous lui devons une visite.

ROBERVILLE *riant.* Que vous ferez, puisque vous
faites tout.

DESROSOIR. Mauvais plaisant !..... Enfin, me voilà
rassuré, la presse est pour nous. (*Il a pris un autre
journal.*) La presse est... Eh! mais, qu'est-ce que je
vois ? (*Lisant dans un autre journal.*) « Nous som-
» mes dans le siècle des problèmes introuvables .. té-
» moin le succès fait par on ne sait quel public à
» *la Réputation d'une femme,* pièce représentée hier.
» L'ouvrage est au-dessous de la critique. » (*S'interrompant.*) Tiens, pourquoi le critique-t-elle alors? (*Continuant.*) « Intrigue usée, sujet rabattu... » (*S'interrompant.*) Au fait j'y pense, Roberville; je vous faisais
injure... Je me souviens maintenant : c'est vraiment
vous qui m'avez apporté l'idée...

ROBERVILLE. Hein ?

DESROSOIR *continuant à lire.* « Dialogue plat,
» sans esprit. » (*S'interrompant.*) Oui, oui, je disais
bien... la mémoire me revient... j'ai fait fort peu de
chose à cette pièce... Je vous demande pardon de vous
avoir soutenu, tandis que c'est moi au contraire qui
ai mis mon nom... par complaisance.

ROBERVILLE *à part.* Par exemple, voilà une bonne
foi qui lèverait tous mes scrupules si j'en avais encore.

DESROSOIR *jetant le journal.* N'importe, cet article
est indigne...

(Il prend une note.)

ROBERVILLE *riant.* Est-ce que vous prenez aussi le
nom du juge intègre ?

DESROSOIR. Certainement... Nous lui devons deux
visites... Vous concevez? un journaliste qui fait notre
éloge, au besoin on peut ne pas le remercier..... c'est
un ami; mais un ennemi, mon cher, nous lui devons
quatre visites et un abonnement, c'est le moins. Mais
pour en revenir à notre pièce... vous y étiez... vous
avez été témoin du succès, après tout ; succès du vrai
public, hein?

ROBERVILLE. Succès de femmes surtout.

DESROSOIR. Bravo! ce sont les meilleurs... Nous
autres nous jugeons, nous jugeons avec notre esprit,
qui n'a pas le sens commun... Tandis que les femmes
jugent avec le cœur.... Aussi je répète toujours aux
commençants, avant d'écrire, avant de faire de la comédie, étudiez dans le livre de la nature, au chapitre
femme... un chapitre qui n'en finit pas.

AIR : *de Turenne.*

A travers ce nouveau dédale,
Moi-même je me perds vraiment;
Mais c'est une étude morale;
Dans le cœur des femmes souvent,
Observateurs, lisons assidûment.
On a besoin, j'en conviens, de courage
Pour persister ; car dans ce livre-là
On se croit savant, et voilà
Qu'il faut encor tourner la page.

C'est toujours à recommencer...

ROBERVILLE. Le fait est que c'est la science éter-
nelle...

DESROSOIR. Oh! vous tout le premier, vous auriez
besoin... oui, oui... ce qui vous manque le plus, mon
cher Roberville, c'est la connaissance du cœur fémi-
nin... Vous avez de la verve, de la chaleur ; vous écri-
vez assez bien un duel... vous savez? « Sortons, monsieur! » Mais pour les scènes d'amour, vous n'y êtes
nullement... Je ne sais.. .. il vous manque quelque
chose... ça ne va pas assez vite.

ROBERVILLE *à part.* Il a raison.

DESROSOIR. Que diable! il faut brûler ces choses-là.
Nous en causions avant-hier avec ma femme...

ROBERVILLE *à part.* Quel à-propos!

DESROSOIR. Et elle pensait comme moi, que vous
n'entendez rien...

ROBERVILLE. Aux scènes d'amour?

DESROSOIR. Précisément.

ROBERVILLE *à part.* Voilà une épigramme qui me
décide plus que jamais.

DESROSOIR. Il ne faut pas m'en vouloir pour ma
franchise... D'ailleurs ça viendra.

ROBERVILLE. Je l'espère.

DESROSOIR. Je vous pousserai.

ROBERVILLE. J'y compte.

DESROSOIR. C'est une idée fixe, voyez-vous; j'ai

toujours pensé que vous finiriez par ajouter quelque chose à ma réputation.

ROBERVILLE. Je travaille pour cela.

DESROSOIR. A notre pièce du *Mari à la Mode*, n'est-il pas vrai ?

ROBERVILLE. Justement, je marche grand train...

DESROSOIR. Courez, il n'y a pas de mal... Tâchez d'arriver au dénouement le plus tôt possible... Je me repose sur vous.

ROBERVILLE. Vous êtes sûr de votre affaire.

DESROSOIR. Bravo! (*A part.*) On en fera quelque chose.

ROBERVILLE *à part.* Ah! vous prenez les deux parts de mes succès, monsieur Desrosoir... patience! il en reste une troisième sur laquelle vous ne comptez pas... et celle-là sera la mienne.

SCENE VIII.

LES MÊMES, CLOTILDE.

CLOTILDE. Benoit va vous servir, mon ami, dans un instant. (*à part.*) Encore là!

DESROSOIR. Merci, ma bonne.

ROBERVILLE, *à part.* Comment l'engager à sortir? Ah! j'y suis. (*Haut.*) Mais, j'oubliais, nous avons là deux bulletins... le raccord et la répétition...

DESROSOIR. Aujourd'hui, mon cher ami, je suis trop fatigué... ainsi...

ROBERVILLE, *à part.* Diable! (*Haut.*) Pardon... c'est que je voulais justement vous prier... La mise en scène n'est pas très avancée... je manque encore d'habitude... et...

DESROSOIR. Au fait, il y a précisément une scène d'amour à poser... et comme vous n'y entendez rien...

ROBERVILLE, *à part.* Il me paiera toutes ces allusions.

DESROSOIR, *à sa femme.* C'est que tu ne sais pas ?... il est d'une timidité avec les femmes... surtout avec les actrices... (*à Roberville.*) Que diable, mon cher, il faut oser.

ROBERVILLE, *à part.* Merci du conseil.

DESROSOIR. Allons, allons, j'ai pitié de vous... j'irai, poltron. j'irai... à une condition, cependant, c'est que vous vous chargerez des billets que j'ai promis à madame de Bonval... Ils étaient là...

ROBERVILLE, *à part.* Ciel! (*Haut.*) J'y ai... j'y ai déjà pensé... (*Montrant la lettre.*) Les voici... Je m'étais chargé par avance...

DESROSOIR. Voyez-vous le sournois ?... (*A sa femme.*) Tu comprends, c'est une occasion de la voir... Il n'est pas encore guéri. (*à Roberville.*) Oh! vous avez beau faire le brave... vous n'êtes pas guéri... ça vous tient toujours là...

ROBERVILLE. Vous supposez ?...

DESROSOIR. Il le demande... Plus on repousse un amour, plus il prend racine. Eh bien! tenez, c'est encore votre timidité avec les femmes qui vous a perdu. De l'oserie, que diable! beaucoup d'oserie auprès d'un sexe enchanteur, il n'y a que l'oserie qui plaide bien... Un avocat, est-ce qu'on devrait être obligé de vous apprendre cela ?

ROBERVILLE, *bas.* Pourquoi pas ?... Mais n'importe... la théorie est excellente... et j'en veux faire aujourd'hui-même l'application...

DESROSOIR, *de même.* Appliquez, cher ami, appliquez. Dites donc, est-ce que vous auriez en vue ?..

ROBERVILLE, *de même.* Une femme charmante!

DESROSOIR, *même jeu.* Il y a un mari, peut-être ?

ROBERVILLE, *même jeu.* Il y en a un.

DESROSOIR, *même jeu.* Bon! très bien! Un mari à la mode, hein?

ROBERVILLE, *de même.* Justement.

DESROSOIR, *de même.* Faites des études, ça nous servira pour ce dénouement.

ROBERVILLE, *de même.* Chut!

DESROSOIR, *de même.* Chut! (*Haut.*) Pardon, ma bonne : un petit secret de théâtre, une leçon... car, je ne t'ai pas dit, je l'ai grondé... et il m'a promis de terminer enfin notre pièce... Tu verras... il s'agit d'un mari... Nous rirons... Ça commence déjà : Roberville a l'air sérieux... physique d'un auteur qui s'apprête à faire rire... Oh! c'est qu'il veut ratrapper le temps perdu... travailler! (*A Roberville.*) n'est-ce pas ?.. Écoutez donc, si vous aviez un collaborateur qui ne pressât pas la besogne... enfin, mettez-vous à ma place... mettez-vous... (*à sa femme.*) et il s'y mettra... je te réponds qu'il s'y mettra. Je vais m'habiller. (*à Roberville.*) Vous pensez à ces billets ?...

ROBERVILLE. Sans retard. (*à part.*) Ou plutôt, Benoit a de l'intelligence... il est intéressé... c'est cela.

CLOTILDE, *à part, pensive.* Chez Hortense!

DESROSOIR.

AIR *du Domino noir.*

Travaillez, travaillez, et qu'une noble flamme,
Vous donne ici l'espoir de chercher, d'obtenir
Des succès doux à conquérir.

(Seul et confidentiellement, s'adressant à Roberville,)

Surtout, si vous craignez mon blâme,
Auprès d'une femme
Soyez, sur mon ame,
Moins timide et rempli d'ardeur;
D'un sexe enchanteur
N'ayez donc par peur.

ENSEMBLE.

Travaillez, travaillez, etc.

ROBERVILLE, *à part.*

Il l'a dit, ses conseils ont ranimé ma flamme,
Et j'ai l'espoir ici de chercher, d'obtenir,
Des succès sont à conquérir.

CLOTILDE, *à part.*

Chez Hortense! Ah! quel trouble, en agitant mon ame,
Etrange émotion, me fait, hélas! frémir!
Je tremble de le voir partir.

SCENE IX.

CLOTILDE *seule*, *puis* BENOIT.

CLOTILDE. Chez Hortense... En vérité suis-je folle ?...

AIR : *De votre honté généreuse.*

Oui, je le vois, mon ame est inquiète,
Le calme a fui ; quel trouble je sens là !
Contre le danger je m'apprête,
Et l'on dirait qu'il commence déjà.
Oh ! mais je ne veux pas l'attendre,
A ce danger il faut me dérober,
Car lorsqu'on songe à se défendre,
On est, hélas ! bien près de succomber.

Aussi pourquoi M. Roberville n'est-il pas devenu l'époux d'Hortense ?... je ne l'aurais pas eu constamment sur mes pas... ses visites fréquentes ne m'auraient point amenée à des comparaisons injustes entre lui et un homme dont je porte le nom... un homme qui a des qualités... Car cette indifférence que je lui reproche, n'est-elle pas plutôt une preuve de la confiance qu'il a mise en moi?... Il n'est pas aimable, j'en conviens... mais, du moins, jamais il ne m'a trompée... Je suis certaine d'avoir toute son affection... (*à Benoît qui entre.*) Eh bien! qu'est-ce donc?

BENOIT. Madame, c'est une lettre que je viens de trouver dans le vestibule... à l'adresse d'une dame qui est venue ce matin...

CLOTILDE, *prenant la lettre.* Hortense l'aura perdue en s'en allant... Ma femme de chambre la lui reportera. (*à Benoît.*) C'est bien.

BENOIT *s'incline, à part en sortant.* Voilà ma commission faite, et les vingt francs de M. Roberville gagnés. (*Il sort.*)

CLOTILDE. Ciel! l'écriture de mon mari. Oh! mais je n'y pense pas... les billets de spectacle, sans doute?... Mais non... M. Roberville ne vient-il pas de se charger?... Une lettre! C'est singulier... mon cœur bat d'une force... je ne sais... je tremble... je n'ose regarder... je ne dois pas... et cependant cette incertitude est horrible... Oh! quoi qu'il puisse arriver, il faut... il faut que je sache... (*Elle lit.*)

« Madame,

« Malgré vos rigueurs, votre dureté à mon égard, « un mot dit par vous cette nuit, au bal masqué, « m'a renvoyé; moins malheureux... » (*s'interrompant.*) Ah! ah!... quand je le croyais... quelle perfidie! (*continuant.*) « Et grâce à cette bonté d'ange « que le ciel vous a donnée en partage, j'ose espé- « rer le pardon d'un aveu que mon cœur n'a pu « retenir plus longtemps... Vous m'avez quitté le « sourire sur les lèvres... Était-ce de la raillerie ou « de la pitié? J'attends mon arrêt. »

(*Froissant la lettre.*)

Oh! c'est indigne! Ainsi je me reprochais jusqu'aux pensées qui m'éloignaient de mon mari... et lui... lui... il a eu le courage de revêtir devant moi son uniforme... et c'était au bal qu'il allait... Il n'y a donc plus rien de sacré dans le monde, puisque la garde nationale elle-même... et Hortense, ma meilleure amie... mon amie de pension... Comme elle a dû se moquer de moi ce matin... Voilà donc les dangers dont elle me parlait pour me railler, sans doute... Mais je tiens une preuve... je veux les confondre, et pour cela j'attendrai que tous les deux se trouvent en présence ici... ou chez elle... n'importe... je veux... (*Cachant la lettre.*) M. Roberville!... ne laissons rien paraître.

SCÈNE X.

CLOTILDE, ROBERVILLE.

ROBERVILLE, *à part.* Desrosoir est dit-on sorti... voici le moment. (*haut.*) Pardon, madame... je suis bien importun.

CLOTILDE. Nullement, Monsieur; mais je regrette qu'en cet instant... je ne me sente pas bien... vous m'excuserez... si je vous laisse seul... un violent mal de tête... (*à part, en rentrant dans son appartement.*) Oh! je suffoque...

SCÈNE XI.

ROBERVILLE *seul, puis* BENOIT.

ROBERVILLE. Colère concentrée... La solitude, c'est le premier effet. On a lu la lettre... On vient de m'assurer que Desrosoir était sorti par l'escalier de service... car il ne faut pas que sa femme puisse lui parler avant que les résultats de la vengeance... Oh! presque rien... que j'obtienne seulement un de ces demi-aveux qui ne sont encore que le prélude, mais qui suffisent pour compromettre; les femmes deviennent si facilement nos complices... sans s'en douter... et alors leur silence est facile à obtenir... Ah! ça, mais c'est une ruse infernale que je mets en usage... ou plutôt c'est une revanche légitime. Ne m'a-t-il pas lui-même poussé à bout par ses railleries, sa mauvaise foi! S'attribuer seul le mérite de nos succès, et me laisser tout le blâme de la critique sur le dos... La loi des représailles m'autorise. Et puis d'ailleurs à quoi bon réfléchir? en amour, comme en guerre, on a l'audience, il faut, il faut oser! j'agis d'après ses propres maximes.

AIR : *Un homme pour faire, etc.*

C'est l'unique moyen, marchons!
Marchons to jours, coûte que coûte,
Sans nous arrêter aux buissons
Qui peuvent accrocher en route.
Lorsque j'entends sur mon chemin
Un amoureux parler de conscience,
Je crois voir Brillat-Savarin
Prêchant à table l'abstinence.

Au fait, Brillat-Savarin vient de me rappeler... C'est vrai, au milieu de tout cela, je n'ai même pas pensé à déjeuner... Eh! mais, qu'est-ce que c'est que cela?

BENOIT, *portant sur un plateau le déjeûner de Desrosoir.* Le déjeûner de Monsieur.

ROBERVILLE. Il n'est donc pas sorti?

BENOIT. Faites excuse, monsieur... pour traverser la rue seulement... un mot à dire à son notaire qui demeure en face... mais il va rentrer.

ROBERVILLE, *à part.* Fâcheux contre-temps. Oh! mais je ne bouge pas d'ici... et, pour m'occuper... (*Benoît a placé le déjeûner sur un guéridon au milieu.*) Très bien, Benoît; va-t-en.

BENOIT. C'est Monsieur, lui-même, qui, en sortant, a donné l'ordre... comme il ne doit rester absent que quelques minutes.

ROBERVILLE. Il suffit!

BENOIT, *à part.* J'ai un horrible soupçon... Cet homme-là ne respecte rien... Enfin ça le regarde... ou plutôt ça ne le regarde pas... mais il paraît qu'avec lui c'est la même chose. (*Il sort.*)

SCÈNE XII.

ROBERVILLE *seul, se mettant à table.*

Vite... il n'y a pas de temps à perdre... j'ai besoin de prendre des forces... A la guerre comme à la guerre... Un repas de campagne... Au galop! Si Desrosoir n'est pas content, il déjeûnera au café, et j'en serai plutôt débarrassé. (*Déployant sa serviette.*) D'ailleurs c'est mon privilége... collaboro! je dois toucher la moitié de ses droits sur tout, même sur...

(*Il regarde la porte de l'appartement de Clotilde, puis se retourne vers la table.*)

son déjeûner. Ah! madame de Bonval, vous croyez qu'il n'en coûte rien pour désespérer un galant homme assez fou pour vous poursuivre malgré vos rigueurs. Encore cette nuit, sous le masque, affublé d'un diable de domino orange... Oh! mais, à votre dédain habituel, il m'a semblé que vous me reconnaissiez, alors je suis sorti furieux ; mais songez-y... je vous ai promis d'être terrible dans le désespoir... (*Débouchant une bouteille.*)Ça commence déjà.

(*Il se verse à boire.*)

AIR *de la Marseillaise des Femmes.*

Oui, désormais dans la folie
Je veux passer gaiment mes jours,
Et puisque l'hymen me renie,
J'y renonce pour les amours.
A l'espoir je m'abandonne,
Quelque chose me le dit ;
Et l'ardeur qui m'éguillonne
Augmente mon appétit.
En avant ! (BIS.)
Non, plus jamais de mariage ;
Chez les maris avec courage.
En avant ! (BIS.)
Et d'avance,
Contre un dédain qui m'offense,
Vengeance ! (TER.)
La victoire m'attend !

SCENE XIII.

ROBERVILLE, *toujours à table*, DESROSOIR *dans le fond.*

DESROSOIR. Hein !.. est-ce une vision ?

ROBERVILLE, *la bouche pleine.* Non, mon ami, c'est un homme qui déjeûne, ne vous dérangez pas.

DESROSOIR. Comment, que je ne me dérange pas ?

ROBERVILLE *se levant.* J'ai fini.

DESROSOIR, *qui s'est approché de la table.* C'est ce que je vois.

ROBERVILLE. Ecoutez donc... vous me dites toujours : « Faites comme chez vous... » ma foi, j'ai profité.

DESROSOIR. Oui, oui, vous profitez assez bien.

ROBERVILLE. Et puis notre dénouement... vous savez?... Moi, d'abord, plus je déjeûne, plus je suis spirituel ..

DESROSOIR, *jetant un coup d'œil sur les plats vides.* Vous devez avoir beaucoup d'esprit en ce moment.

ROBERVILLE. Et plus je bois, plus je me sens de chaleur.

DESROSOIR, *mirant une bouteille vide.* Je vois que nous aurons un dénouement très chaud.

ROBERVILLE, *à part.* Madame de Bonval ! je suis perdu. Ma foi, sauvons d'abord la position du moment... et ne vous éloignons pas.

(Hortense et Desrosoir se sont salués.)

HORTENSE. Ah ! c'est M. Roberville.

ROBERVILLE. Mille pardons, Madame ; mais je suis sous le feu de l'inspiration... Desrosoir, vous permettez?... là, dans votre cabinet... (*à Hortense.*) Madame... (*Il entre à droite.*)

SCENE XIV.

DESROSOIR, HORTENSE, *puis* BENOIT.

DESROSOIR, *à part, inspectant la table.* C'est qu'il n'a rien laissé.

HORTENSE. Quel original que votre collaborateur, M. Desrosoir.

DESROSOIR. A qui le dites-vous ?

HORTENSE, *riant.* Il me semble maigri.

DESROSOIR. Ce n'est pourtant pas l'abstinence.

HORTENSE. Oh ! pardon... un amoureux désespéré... cela ne mange pas.

DESROSOIR, *à part.* Non, mais ça dévore.

HORTENSE. Ce n'est pas comme vous... et je vois là les débris d'un appétit tout conjugal.

DESROSOIR. Des débris, comme vous dites, Madame... quant à l'appétit, je vous avouerai qu'il est toujours dans le même état... (*à part.*) Enfin je déjeûnerai au café.

HORTENSE. Ah ça, vous paraissez tout consterné... qu'avez-vous donc ?

DESROSOIR, *les yeux sur la table.* Moi?... mon dieu... je n'ai rien, absolument rien... (*à part.*) Et c'est justement pour ça... (*haut.*) Mais pardon, Madame, voici l'heure de ma répétition, je vais prévenir Clotilde que vous êtes là, si vous le permettez...

HORTENSE. Merci, merci... il ne faut pas la déranger.. je viens pour toute la journée ; une idée, un caprice... enfin je m'invite à dîner.

DESROSOIR. C'est bien aimable à vous. (*à part.*) Il paraît qu'aujourd'hui tout le monde s'invite. (*Il sonne ; à Benoît qui entre.*) Benoît, rangez cette table.

BENOIT. Monsieur a fini de déjeûner ?

DESROSOIR, *à part.* Allons, bon ! lui aussi. (*haut.*) Faites ce qu'on vous dit.

BENOIT, *en sortant.* Monsieur n'a rien laissé, preuve que le déjeûner était bon.

DESROSOIR, *à part.* Encore!... Oh ! je sors, car cette plaisanterie commence à me peser... et si ça continue, j'aurai une indigestion du déjeûner que Roberville a fait. (*Haut.*) Madame... (*Il sort.*)

SCENE XV.

HORTENSE, CLOTILDE.

HORTENSE *seule.* Décidément il faut que Clotilde me donne des conseils... c'est son tour. Je pense à la dernière lettre de M. Roberville... Pourquoi pas, au fait? C'est vraiment presque de l'entêtement de ma part. Pauvre jeune homme !...

CLOTILDE, *à part, entrant.* Hortense !

HORTENSE. Ah justement... Eh mais... ce visage pâle... on dirait que tu as pleuré... Que signifie ?... J'espère que tu vas me conter le grand chagrin qui plisse ce front charmant, ternit ces jolis yeux... Nous autres femmes, il faut que nous ayons de graves motifs pour paraître moins belle.

AIR : *Je sais attacher, etc.*

En vérité, je devrais te gronder,
C'est manquer de coquetterie ;
Une femme doit se garder
De s'exposer à n'être plus jolie.
C'est mal à nous de flétrir nos attraits,
Le temps, hélas ! tôt ou tard s'en acquitte ;
Et, crois-moi, ne hâtons jamais
Ce qui vient toujours assez vite.

Voyons, de quoi s'agit-il ? enfantillage, n'est-ce pas ?... Est-ce que ce serait ton mari ?...

CLOTILDE, *contenue.* Peut-être.

HORTENSE. Vois-tu, Clotilde, tu es aussi un peu trop injuste à son égard.

CLOTILDE. Sans doute pour donner à ses amis l'occasion de le défendre.

HORTENSE. Ecoute donc, il en a besoin.

CLOTILDE. Pardon, Madame... (*Hortense recule étonnée.*) Cette lettre que vous avez égarée chez moi..

(Hortense prend machinalement la lettre sans cesser de regarder Clotilde avec surprise.)

Il faut, quand on s'intéresse autant que vous à la réputation d'une personne, ne pas s'exposer à la compromettre par des négligences aussi impardonnables.

HORTENSE. Que signifie ?... qu'est-ce que c'est que ce papier ?... l'écriture de ton mari ?...

CLOTILDE. Oh ! vous jouez admirablement la surprise, Madame.

HORTENSE. Ah ça, ma chère Clotilde, es-tu bien sûre d'avoir toute ta raison ? Et puis ce n'est pas là du papier à lettre.

CLOTILDE. Les amoureux sont si distraits ! seulement, comme c'est le cœur qui met ordinairement l'adresse, il a soin de ne pas se tromper... Lisez... mais lisez donc, madame !

HORTENSE, *cherchant à comprendre.* En effet... je n'y suis plus du tout.

CLOTILDE. Ainsi voilà cette amitié, ces conseils généreux de ce matin... que vous auriez dû garder pour vous, Madame... Mais non... vous avez préféré me railler, tout en troublant, en détruisant mon bonheur... oui, mon bonheur... car si la femme des fêtes, des plaisirs, vous ennuyait de ses plaintes, si, se trompant elle-même sur la vérité, elle prenait parfois le plaisir d'un bal pour le véritable bonheur, sa conscience lui disait bientôt : Tu as eu tort... Elle me le dit surtout en ce moment où la crainte de perdre celui dont je porte le nom me le rend encore plus cher... Vous le voyez, Madame, suis-je assez humiliée?... Je pleure, parce que je l'aime... Oh! justifiez-vous, par pitié!

HORTENSE, *à part, poursuivant une idée, et sans écouter Claudine.* Ce bal dont il parle dans la lettre... Si c'était le domino orange... peut-être... Mais alors comment me justifier sans l'accuser?... Et cette lettre que je n'ai pas reçue et qui m'était destinée... un domestique l'aura donc égarée? C'est vraiment à s'y perdre !

CLOTILDE. Vous vous taisez, Madame? mais votre trouble parle pour vous... Vous refusez de vous justifier?.. Je comprends : c'est un reste de conscience.

HORTENSE. Je te jure... il doit y avoir là-dessous quelques machinations.

CLOTILDE. Oh! pas un mot de plus. Et comme je suis chez moi... comme je ne puis vous dire d'en sortir... c'est moi qui sort, espérant que vous aurez assez d'orgueil pour me comprendre... et qu'à mon retour je pourrai du moins pleurer seule !

(Elle entre chez elle.)

SCENE XVI.

HORTENSE *seule.*

Ah ça !... mais voilà qui passe la plaisanterie... Eh bien ! non, je ne veux pas me fâcher de toutes ces injustes paroles... Les apparences sont contre moi... sachons les détourner, en ménageant et en gardant les convenances. M. Desrosoir !... à nous deux maintenant.

SCENE XVII.

HORTENSE, DESROSOIR.

DESROSOIR, *à part.* Diable d'oubli... voilà une répétition manquée. (*haut.*) Oh! pardon, belle dame, je ne vous voyais pas... Mais, comment, encore seule?.. Je trouble peut-être de graves méditations... j'arrive...

HORTENSE. A merveille, Monsieur, je sais tout !

DESROSOIR. Ah !

HORTENSE. Et vous chercheriez en vain à éviter une explication.

DESROSOIR. Une explication?

HORTENSE. Oh! n'essayez pas de nier... je sais tout, vous dis-je !

DESROSOIR. J'entends bien... mais comme moi je ne sais rien, vous me ferez le plaisir...

HORTENSE. Ce sang froid affecté... ces détours qui arrivent trop tard... rien ne peut vous sauver.

DESROSOIR. Je suis donc perdu?

HORTENSE. C'est affreux, Monsieur... car enfin elle est jeune et belle... spirituelle comme un démon... bonne comme un ange !...

DESROSOIR. Qui ça?

HORTENSE. Eh ! votre femme, Monsieur.

DESROSOIR. Ma femme !... je ne l'aurais pas reconnue...

HORTENSE. N'êtes-vous point aveugle comme tous les maris ?

DESROSOIR. Qualité indispensable pour l'emploi...

HORTENSE. Enfin, je n'ai pas besoin de vous dire que si quelques folles paroles me sont échappées lorsque je croyais ne m'adresser qu'à un domino inconnu, je désavoue maintenant cette plaisanterie.

DESROSOIR. Ah ! vous désavouez?... Pardon, pardon .. Un domino inconnu... Qui ?

HORTENSE. Mais vous.

DESROSOIR. Moi ?

HORTENSE. Vous avez commis une inconséquence, et il faut au moins songer à la réparer, tâcher de détourner l'orage que vous avez amoncelé sur votre tête.

DESROSOIR. Comment ?... j'ai amoncelé quelque chose sur ma...? Ah ça, permettez... Vous avez beaucoup d'esprit... je vois ce que c'est... Une gageure... une charade... heim ?

HORTENSE. Une charade, soit ; mais une charade dont vous savez le mot. Employer un pareil moyen, revêtir l'uniforme de la morale, et une heure après, au bal... me faire un aveu...

DESROSOIR. En fait d'aveu, belle dame, je vous demanderai la permission de vous en faire un : c'est que je ne vous comprends pas du tout.

HORTENSE. Ainsi ce n'est pas vous qui, cette nuit, vêtu d'un domino orange... vers deux heures...

DESROSOIR. Vers deux heures... Attendez donc...

HORTENSE. Ah ! enfin...

DESROSOIR. J'étais en effet enveloppé d'un genre de domino ; mais il était gris, et on l'appelle vulgairement capote.

HORTENSE. Tant de persistance... Et vous n'êtes pas venu me souffler bien bas dans l'oreille cette déclaration ?...

DESROSOIR. Je vous jure que je soufflais dans mes doigts... Parole d'honneur!... un froid de loup... j'étais en faction. Pour ce qui est des paroles, je n'ai prononcé que celles-ci, assez vertueuses du reste : Qui vive ! Et une voix majestueuse, qui n'appartient qu'à cette espèce, m'a répondu : Trouille !

HORTENSE, *poussée à bout, lui donnant la lettre.* Mais cette lettre, Monsieur !

DESROSOIR, *prenant et regardant la lettre.* Ah ! bravo ! merci ! justement, voilà ce que je cherche partout

HORTENSE. Plaît-il ?

DESROSOIR. Une page détachée du manuscrit... cette pièce que nous répétons. Mais, comment... entre vos mains ? et l'adresse, l'enveloppe des billets que je vous destinais... Vous ne les avez donc pas reçus ?

HORTENSE. Si... si vraiment.

DESROSOIR. Et la lettre avec ?

HORTENSE. Et la lettre ..

DESROSOIR. Charmant ! ah ! ah ! ah ! ah !... Il n'y a que moi pour ces choses-là... une distraction... il y a des jours où j'en remontrerais à Léandre.

« Quand on me parle blanc, soudain je réponds noir... » Et figurez-vous.. ah ! ah ! ah ! c'est ce pauvre Roberville qui s'est chargé de vous porter... complice sans le savoir. Au fait, collaborateurs, nous devons partager jusqu'à nos sottises... mais, de ce côté, il n'est pas en reste avec moi.

HORTENSE. Ainsi ces billets de spectacle ?... c'était ?...

DESROSOIR. Roberville qui s'est chargé... Il paraît même belle dame, que malgré vos rigueurs à son égard, il désirait cette occasion de vous faire sa cour... car les billets étaient enlevés d'avance ainsi que la lettre, bien entendu sans s'en douter.

HORTENSE, *à part.* Oh ! quelle idée ! ce serait une ruse affreuse : exciter la jalousie de Clotilde pour réussir près d'elle... Oh ! voilà qui mérite un châtiment.

DESROSOIR. Ma femme ! très bien... Quand elle saura...

SCENE XVIII.

LES MÊMES , CLOTILDE.

CLOTIDE, *à part.* Ensemble ! C'est d'une audace !..

DESROSOIR. Arrive donc, chère amie...Tu ne sais pas ?... j'écris des lettres... des billets doux à Madame... je la compromets... je te trompe...

CLOTILDE. Que signifie, Monsieur ?...

DESROSOIR. Allons bon ! ne vas – tu pas prendre au sérieux ?... Tu comprends : une lettre... un feuillet de manuscrit mis par distraction avec les billets... Mais Madame te contera tout cela. J'ai retrouvé mon précieux papier... un morceau magnifique , composé cette nuit au corps-de-garde... et que je vais relire , par parenthèse... Un billet doux, en uniforme, ça doit ressembler à un ordre du jour. Je vais examiner ça en route... Le théâtre n'est pas loin , je cours moi-même remettre ce papier au souffleur... et, en même temps, je vais combiner de mon côte notre fameux dénouement... je me méfie de la paresse de ce cher Roberville... Vous ne m'en voulez pas si je vous quitte?... au contraire, je comprends... un homme de lettre en mal de dénouement... En revanche, je tâcherai d'être aimable à dîner... (*à part.*) si toutefois je dîne... l'histoire du déjeûner m'a ôté toute confiance. (*Haut.*) Je sors. (*à Hortense.*) C'est du dévouement, j'espère : sacrifier l'art au bonheur de rester près de deux femmes charmantes. (*à Clotilde.*) Heim ! dis donc après cela que je ne suis pas galant ?... (*à Hortense.*) C'est égal, vous m'avez fait une peur... Pardon...

(Il sort par le fond.)

SCENE XIX.

HORTENSE , CLOTILDE.

CLOTILDE. Cette bonhomie si franche !... il se pourrait?... ce ne serait là que le résultat d'une distraction ?...

HORTENSE. Allons, voyons, conviens de tes torts... je ne t'en veux nullement.

CLOTILDE. Mais cette lettre décachetée... tu ne l'avais pas vue alors? Et qui donc ?...

HORTENSE , *bas.* Plus bas... il est là... (*Montrant la droite.*) il pourrait nous entendre... et je veux te venger... ou plutôt me venger...

CLOTILDE. De qui ?

HORTENSE. De M. Roberville...

CLOTILDE. Tu dis?...

HORTENSE. Eh sans doute... un amoureux désespéré est capable de tout... Ton mari s'imagine avoir eu une distraction , parce qu'il en a l'habitude... mais je devine tout... C'est M. Roberville qui est le seul coupable ..pour exciter ta jalousie...

CLOTILDE. Il aurait osé !...

HORTENSE. Ecoute, c'est une faute, il n'avait plus la tête à lui... il faut donc lui pardonner; mais avant nous devons le punir.

CLOTILDE. Oh certainement. M'exposer à traiter la meilleure de mes amies comme je viens de le faire ...brouiller une famille. Chère Hortense, combien j'ai été prompte à te juger !...

HORTENSE. Oublions cela, et vengeons-nous.

CLOTILDE. Mais comment?

HORTENSE. Par la raillerie... c'est l'arme des femmes... De ce cabinet, tu conçois, il a entendu toute la scène entre ton mari et moi... il se croit à couvert par la distraction supposée de M. Desrosoir ; j'ai l'air de sortir, je te parle tout haut, nous sommes au mieux ensemble, sa ruse est donc maintenant manquée ; mais les choses restent comme devant. Te croyant seule, il vient, il recommence ses éternelles déclarations ; tu te laisses aller très loin, en un mot, tu te moques de lui ; il ne s'en doute pas... tous les hommes sont les mêmes... et moi je réponds du reste.

CLOTILDE. Mais c'est effrayant cela.

HORTENSE Non , c'est amusant. (*haut.*) Adieu, ma bonne Clotilde, à ce soir , peut-être ; tu me pardonneras si je te laisse seule... adieu. (*bas, à part.*) Ah ! là , derrière ce paravent.   (*Elle se cache.*)

SCENE XX.

CLOTIDE, HORTENSE *cachée derrière le paravent, puis* ROBERVILLE.

CLOTILDE , *à part.* Elle a raison : le désir de me venger doit me donner du courage... Et ce trait de M. Roberville... ah ! du moins il me désillusionnera sur son compte.

ROBERVILLE , *à part, sortant du cabinet.* Seule ! Ma foi, je l'ai échappé belle ; mais l'éloquence prendra la place de la ruse... le danger m'a monté la tête... (*Haut.*) Ah ! pardon , Madame... arriverais-je mal à propos ?

CLOTILDE , *très aimable.* Ce n'est pas votre habitude , monsieur ; il est au contraire fort aimable à vous de songer un peu à ma solitude.

ROBERVILLE. Ne m'en remerciez pas , Madame .. ce n'est que de l'égoïsme...

CLOTILDE. Peut-être de l'égoïsme à deux.

ROBERVILLE. Dites plutôt de l'amour...

HORTENSE , *à part.* Tiens, il a lu Madame de Sévigné... c'est pour cela qu'il aime tant les lettres.

CLOTILDE. De l'amour ?... oh ! mais voilà un mot bien grave... pour un entretien qui n'est qu'à son début... et comment, je vous prie, finiriez-vous une conversation ainsi commencée ?

ROBERVILLE. N'y a-t-il pas des amours éternels . Madame ?...

HORTENSE , *à part.* Il parle toujours de choses impossibles.

CLOTILDE. Laissons cela, Monsieur, et causons littérature. (*avec malice.*) Eh bien ! voyons, l'intrigue marche-t-elle au gré de vos désirs ?

ROBERVILLE. J'avoue, Madame , que l'inspiration m'échappe, et c'est pour la retrouver que je me suis empressé...

HORTENSE , *à part.* Comment donc ! mais il dit là de fort jolis riens.

CLOTILDE. Ainsi , nous n'aurions pas encore ce dénoûement aujourd'hui ?

ROBERVILLE , *finement.* Peut-être, Madame , si vous consentiez à venir à mon secours.

HORTENSE, *à part.* Il paraît qu'il tient aux moyens violents.

CLOTILDE. Eh mais, cela n'est pas impossible... Et, tenez, pour cela, lisez-moi d'abord la scène qui précède le dénouement... vous aviez justement le manuscrit en entrant.

ROBERVILLE. Soit, Madame, mais à une condition...

HORTENSE , *à part.* C'est juste, il n'avait encore rien demandé.

CLOTILDE. Une condition !

ROBERVILLE. Pardon , je veux dire une prière... J'ai là l'esquisse d'une scène que je serais heureux de répéter avec vous.

CLOTILDE , *se levant.* Oh ! si ce n'est que cela... rien de plus facile... j'ai beaucoup de dispositions pour la comédie... et puis . donner la réplique à un rôle d'amoureux , cela me fera rire... Vous mettez-vous à genoux ?

ROBERVILLE, *souriant*. Si c'est dans le rôle.

HORTENSE, *à part*. Et il est impossible que ça n'y soit pas.

ROBERVILLE , *donnant un papier à Clotilde*. Voici votre rôle, Madame.

CLOTILDE. Il n'y a presque rien à dire.

ROBERVILLE. C'est qu'il s'agit d'une scène d'amour; et, vous le savez, Madame , on ne saurait , en pareil cas , mettre trop d'éloquence de notre côté... Je commence.

CLOTILDE. Moi , j'écoute.

ROBERVILLE, *comme jouant un rôle et s'animant par degrés*. N'aurez-vous point pitié , Madame...

CLOTIDE. Ah ! je suis mariée dans la pièce ?

HORTENSE, *à part*. Où serait le plaisir autrement ?

ROBERVILLE, *continuant*. N'auriez-vous point pitié d'un malheureux qui souffre, osant à peine se plaindre?

HORTENSE, *à part*. Il y paraît !

ROBERVILLE, *continuant*. En vain vous m'opposez la froide raison du devoir... la passion , Madame , raisonne-t-elle ?

HORTENSE, *à part*. Au contraire.

ROBERVILLE, *continuant*. Et la mienne s'augmentant des obstacles... elle grandit tous les jours... mais enfin l'instant est venu... Je vous aime , Madame, je vous aime de toutes les forces de mon ame, et c'est à genoux ..

CLOTILDE, *souriant*. Déjà ?

(*Desrosoir paraît au fond ; il est tout pensif , n'étant d'abord vu que d'Hortense.*)

HORTENSE , *à part*. Ciel ! (*se ravisant.*) Au fait , tant mieux !

SCENE XXI.

CLOTILDE , ROBERVILLE. *toujours à genoux* , HORTENSE , DESROSOIR.

DESROSOIR, *à lui-même* Ici le mari entre, ça doit produire un bon effet. (*relevant la tête.*) Que vois-je ?

ROBERVILLE , *se relevant*. Desrosoir !

CLOTILDE. Mon mari !

ROBERVILLE , *à part, apercevant Hortense qui rit*. Madame de Bonval , je suis joué.

DESROSOIR, *effaré*. Ah ça, que signifie ? ...

HORTENSE, *prenant le milieu*. Eh ! Monsieur, n'allez-vous pas vous fâcher ? être ridicule ? faire le mari, enfin?.. nous jouons la comédie, et encore une des vôtres, Clotilde et moi, nous avions la complaisance d'aider M. Roberville à répéter ce dénoument.

DESROSOIR. Bah ! vraiment? c'était cela ? Que ne le disiez vous plus tôt !..(*à part.*) C'est égal, aux genoux de ma femme... (*Haut à Roberville.*) Seulement il y a un malheur... j'ai travaillé de mon côté... si nous allions ne pas nous entendre? Ainsi , d'après votre idée, quelle part faites-vous au mari dans tout ceci ?

ROBERVILLE. Mais...

DESROSOIR. Quant à moi, je ne connais qu'une espèce de mari au théâtre : ceux qu'on trompe. D'ailleurs on peut peindre d'après nature , les originaux ne manquent pas, et plus il y en a dans la salle, plus la pièce a de succès, attendu que chacun rit de son voisin.

HORTENSE. Eh bien ! M. Desrosoir, je dois le dire à la louange de votre collaborateur , il envisage la question sur un autre point de vue.

DESROSOIR. Vraiment ?

ROBERVILLE, *à part*. Que va-t-elle dire ?

HORTENSE. Il pense, lui, qu'il ne faut pas toujours suivre la route commune, en faisant encore ce que tous vos confrères font... ainsi il place dans la pièce, en opposition avec le mari, homme honorable, plein de droiture, un de ces roués qui , pour déshonorer celui dont il serre la main, ne reculent devant rien,

pas même devant des ruses toujours indignes d'un galant homme... de ces roués qui, pour arriver à leur but, emploient le mensonge, la calomnie ; profanant ainsi ce qu'il y a de plus sacré au monde, et se faisant, comme à plaisir, un trophée de l'honneur d'un ami intime et du désespoir d'une femme! (*à Roberville , lui faisant la révérence.*) N'est-ce pas ainsi que vous entendez la pièce, Monsieur?

ROBERVILLE. Madame... (*à part.*) Oh ! quelle leçon !

DESROSOIR. Tiens , tiens , ce n'est pas trop mal ces idées-là ; mais, franchement, c'est un peu mélodrame... et c'est un vaudeville... j'aimerais mieux...

HORTENSE. Voyons, Monsieur, laissez-vous attendrir.. sauvez le mari...

TOUS , *l'entourant*. Oui... sauvez le mari !...

DESROSOIR, *à Roberville*. Vraiment, vous pensez ?

ROBERVILLE. Je pense comme Madame.

DESROSOIR, *se résignant*. Allons, c'est convenu... alors sauvons le mari... Après tout c'est plus neuf; et, ne fût-ce que pour la rareté du fait , le public acceptera peut-être l'invraisemblance.

ROBERVILLE, *bas à Hortense*. Ah ! Madame , vous vous vengez noblement. Mais pourquoi ne pas m'avoir parlé cette nuit au bal ?...

HORTENSE. Heim ? le domino orange, c'était...

ROBERVILLE. C'était moi, Madame... Vous ne m'avez pas reconnu.

HORTENSE. J'avais des soupçons... Mais comme vous êtes avocat, et que vous ne m'avez dit que deux ou trois mots, j'ai pensé que ce ne pouvait pas être ça. (*bas.*) C'est égal, votre conduite est indigne.

ROBERVILLE. Si ma dernière prière n'était pas restée sans réponse.

HORTENSE, *de même*. Vous mériteriez bien... mais non... j'ai pitié... (*Haut.*) Et maintenant, ma bonne Clotilde , il faut bien que je te dise, ainsi qu'à ton mari, ce que M. Roberville me demande tout bas... Une folie... Mais, attendu qu'il ne peut pas demander autre chose , et qu'une veuve ne peut pas toujours refuser, j'accorde... Voilà ma main, Monsieur.

ROBERVILLE. Ah ! Madame !...

HORTENSE, *bas*. Ecoutez donc...c'est qu'aussi vous êtes trop dangereux dans le désespoir.

DESROSOIR, *à Roberville*. Mon ami , recevez mes compliments... votre femme est charmante , et je vois que maintenant gloire et bonheur tout sera commun entre nous.

ROBERVILLE , *souriant*. Part à deux !

DESROSOIR. Ah ! dites donc... seulement , une autre fois, quand il s'agira de mon déjeûner, ne touchez pas aux deux parts.

ROBERVILLE. Soyez tranquille... D'ailleurs, je suis désormais trop heureux pour rien envier à personne.

DESROSOIR. C'est égal, ce dénoument m'inquiète : nous appelons notre pièce le *Mari à la mode*, et c'est au contraire un mari comme on n'en voit pas que nous mettons en scène, nous ne sauverons jamais ça.

HORTENSE. Peut-être...

AU PUBLIC.   AIR : *du Pot de fleurs.*

Bravant ce soir une loi reconnue,
Notre mari vient d'être préservé,
Pour que la mode en continue,
Messieurs, par vous, ah ! qu'il soit approuvé.
Et vous surtout, Mesdames, dont le...
  Des maris règle le destin,
Appuyez-nous, car vous tenez en main
  Le sceptre puissant de la mode.

CHOEUR FINAL
Reprise de l'air du *Domino noir*.

DESROSOIR ET ROBERVILLE.
Travaillons, travaillons, et qu'une noble flamme
Nous donne ici l'espoir de chercher, d'obtenir
Des succès beaux à conquérir.

HORTENSE ET CLOTILDE.
Travaillez , travaillez , etc.

Imprimerie de Pollet et Cᵉ, rue Saint-Denis, 380. (VERT.)

[illegible]